バイトの色

14の仕事が教えてくれた大切なこと

髙松 梢華
Syoka Takamatsu

文芸社

はじめに

そこそこバイトを経験してきた。もちろん数多《あまた》ある職種のごく一部であることに違いないものの、気がつけば実際就職した時の仕事以上にそこで鍛えられていた。幸運にも最初は生活のための切羽詰まったバイトではなく、あくまでも自分の経済的な余裕が目的。だから当初の心構えは相当甘かったとはっきり言える。

それなりの真剣さで文字通り社会勉強をさせてもらったわけで、キツかったけど楽しかったバイト、これはもうカンベンと苦痛でしかなかったバイト、社会の裏を垣間見た気がしたバイト……、これまで経験してきた長短の期間交えたバイトが現在私の社会の捉え方の基本になっている気がする。今でも時折懐かしく、また苦く、その時々の色のイメージと共に思い出してしまうのはそのためだろう。

バイトの色☆目次

イラスト／ぼぶ

☆桃色のバイト

神社の巫女——小学生〜大学生

私の人生最初のバイトは、神社の巫女。少々特殊かもしれない。遠戚が、ある神社の宮司を務めていることから、小学校に入った頃に声がかかった。何回か舞《まい》を練習してお祭りの時に神社や町の中で舞った。

その時はお化粧できるのと巫女の衣装を着られること、そして舞の時にちょっと珍しい鈴を持てるのがただただうれしくて母に言われるまま動いていただけ。バイトの感覚はもちろんなかった。それにたぶん報酬もバイト料という類ではなかっただろう。お礼をいったいいくらもらっていたのかも記憶にない。一応、祝儀袋のようなものを見せてもらって母が預かるというパターンだったと思うが、自分のものという意識がなく、中身にも全く関心がなかった。律儀な親は私のために貯金してくれていたと思うが、今思えば確認もしていない。準備の着替えの時と終わったあとに出るお菓子に一番興味があった時期。

舞はそれほど難しいものではなかったが、二人一組で舞うため、パートナーが新しい子だと鈴を振るタイミングを揃えるのに苦労した。何人かいる巫女の都合のつく者同士がその時その時組むわけで、時折新しい子も入ってきたから。

結婚式場の結婚式の巫女は身内に限らず完全なバイトなのかどうか今もよく知らないが、神社の巫女は誰でもできるものではなさそうということは幼いながら認識していた。最初からプロ意識なるものがすでに芽生えていたように思う。終わったあとで舞について注意されたりしたら本当に悔しかったし、今のは完璧と褒められたらめちゃくちゃ得意になっていた。

一緒にしょぼんと反省してくれるパートナーもいたし、全然気にしていない子もいて、ひとつのことを他人と作り上げることの難しさ、はがゆさもおぼろげながら感じていた。回数自体が少ないのでじっくり仲間意識を築くことまでは不可

能に近かったが、他人と呼吸を合わせる楽しさがだんだんわかるようになり、後輩の方が多くなってきた頃にはこちらから合わせられるようにもなってきた。そして何年か経ち、やっと誰と組んでも自信が出てきた頃、私にとっては突然だったが、それは卒業となった。やはり小さい子でなくてはいけない。高校生にしてはや引退勧告を受けてしまったのである。というわけで十代で世代交代のせつなさをはっきり感じた。

ただ、それほど理不尽を感じなくて済んだのは次の任務があったから。まずひとつめ、祭りの時には、やはり巫女の装束を着ておみくじや破魔矢、お守りの売り子となった。それまでも舞の出番がない時は少しくらいは手伝うことがあったし、そばで見ていたから戸惑うこともなく専任となった。動かない分寒い時は巫女の衣装だけでは辛かったが、結構忙しい時間もあり、またお金を扱う難しさも知って面白いと思った。どうも私は自分の力量を超えた部分に魅力を感じる性格らしい。初めての接客業務となる。

時間がある時は祭りの他の出店から買ってきた型ぬき遊びなど結構自由に楽し

んでいた。よく怒られなかったものだ。

（型ぬき遊び…板ガム程度の大きさの薄いせんべいのような食品をまず買ってくる。それに浅く型が押してあり、つまようじなどで削って食べながら型のとおり崩さずにくりぬけたら景品交換してもらえる遊び。いろんな型があり、細い部分を折らずにくりぬけた時の満足感は格別で、仲間と競争しながらやっていた。景品交換をしないでしばらく宝物だったものも……）

全体に家族的な温かい雰囲気だったのは今も薄い桃色（ピンクではなくて桃色と言いたい）のイメージとして残っている。ただ、一度注意されてからは母からの教えもあって仲間との必要以外のおしゃべりはかなり気を遣って控えていた。そのせいもあるのだろう、その頃の仲間についての記憶はすぐにすっかり薄れてしまった。かなり時間が経ってからその一人と偶然遭遇した時にも、相手から言われなければ思い出せず、とても失礼してしまったほどだ。

そしてもうひとつの任務。自分にそんな大役が務まるのか最初は不安だったが、なんと結婚式の巫女である。その地元の神社で結婚式をあげるカップルはそれほど多くはなかったが、やはり祭りの舞の巫女を卒業したあとに時折声がかかった。舞だけではなく、三々九度のお神酒《みき》を注《つ》いだり、段取りの指示や式の流れに沿った動きが必要で、これは小さい子では無理。初めて声がかかった時、最初に結婚式での忌み言葉も教えてもらって、両家との会話では気をつけなければ、とちょっと緊張したのを覚えている（「別れる」や「切れる」「帰る」「割れる」をはじめとして「かさねがさね」や「くれぐれも」など、繰り返す言葉もと知ったのはこの時だ）。人の大事な新たな人生のスタートを言葉ひとつで台無しにしてしまうかも、というのはかなりのプレッシャー。同時に人間その時その時の役割があるものだと妙に感心した。

たぶん、ただの身内として出席する前に結婚式というものを主催者側の近くから見られたのも、私には大きな経験だったと思う。それぞれのカップルのそれぞれの感情に直に触れることになった。人生いろいろの一端をその意味でも十代にして垣間見ることができたわけだ。

いろんな人がいたが、思えばその頃すでに、私にとって男の威厳は歴然と縮小傾向にあった。堂々とした花嫁さんの隣でガチガチの花婿さん……その頃の私の感覚からは予想外に多かったのだ。誓いの言葉を巻紙を広げ読み上げるのだが緊張のあまり声が裏返ってしまい、なかなか読めない新郎も。そんな時には不謹慎ながら笑いをこらえるのにかなり苦労した。結婚式での巫女の仕事もやはり二人一組だったので、もう一人と顔を見合わせてしまうともう大変だった。目を合わさないように極力努力。ただ、誓いの言葉の最後の連名で新婦が自分の名前のところで初めてひと声出すのだが、情けなさそうに怒ったように名前を言い放った新婦には、そんな時もなぜか悲しさを感じた。この先の結婚生活を思ってのことだったかもしれない。成田離婚にならないことを祈った覚えがある。同時に同じ女性としても悲しかったという思いが甦ってきた。その人と寄り添う決心をしているはずなのに……という気持ちだったろうか。というのも、反対に読まないはずの誓いの言葉を小声で一生懸命フォローしていた花嫁さんが一人いてとても美しかったなーという場面を覚えているのだ。外見よりもその時のイメージが桃色の中に輝いて残っている。まだ結婚に夢があった時代。

強い花嫁のもうひとつの記憶。お酒の飲めないらしい新郎に注いだ三々九度のお神酒をまずぐいっと飲み干してから杯を差し出した新婦がいてびっくり。形だけだからと花嫁さんは飲む真似で終わる（おっとこれは結婚式では禁句）人も多かったし（たぶん飲める口の人も）、花嫁衣装のせいで口まで届かない人もいたくらいだったので余計に印象に残っている。

確かに三々九度のお神酒を注ぐのにもコツがあった。ご存知のように二人に三回ずつ、その一回も三度に分けて注ぐのだが、二度目までは真似だけで三度目に初めて本当にお酒を杯に。普通に想像するよりも速い仕草でしていたので、勢いがついて入れ過ぎてしまうこともあった。

そのびっくりの時も実は多少大目に入れてしまったかもしれない。もしかして花嫁さんもこれでは次が注ぎにくいと気を遣ってくれたのかも、と考えるとしばらくは申し訳ない気持ちになっていた。親戚一同もア然としていたから。でも笑い話になっていればいいな、今頃どんな夫婦、家族になっているだろう……と時々想像して楽しんでいる。

結婚式そのものは進行が決まっているので両家の特徴はそれほど出てこないが、終わったあとの雰囲気は本当に千差万別だった。片方の母親だけが仕切っているなぁと感じたり（やはり父親の仕切りというのは少なかったように感じた）、何でも相談しないと決定せずお互いが遠慮してるなぁ、とか。片方は良くは思っていないようだけど、ガマンしているなぁとかもハタから見るとわかってしまうものである。これから先の嫁姑関係としても……。もちろんとてもお嫁さんを大事に思ってるなと感じたお義母さんも。最後の記念撮影など私たちにも「一緒に」と声をかけてくださって、やはり優しい人なんだと花嫁さんを羨ましく思ったことがある。いや、新婦がいい人だったからこそか。

着付けの人の腕次第という気がしたが、三々九度の杯に口が届かないくらいがんじがらめに花嫁衣裳を着せられ、きっちり締め付けられ、浮腫んでしまう花嫁さんもいた。結婚指輪が入りきらないことが何度かあったのだ。第二関節でひっかかっている指輪を必死で花嫁さんの指にはめこもうと焦る花婿さん、そして花嫁さんも入らなくてはカッコがつかないと痛くても頑張る人が多かったものの、大概あきらめるしかなかった。泣きそうな花嫁さんに無理矢理という花婿さんはいなかったと思う。その時の無言のやり取りもこれからの夫婦の未来を感じられた瞬間である。入らなくても大丈夫だよ、と優しい目で訴えている花婿さんには私もぐっときた。立ち位置から花嫁さんの顔は見えにくかったのだが、たぶん惚れ直していただろうと勝手に推測している。

その類のトラブルは結構ある話らしく、私が結婚指輪を購入した行った宝石店ではちょっと大きいサイズを薦められた。実際の目撃経験があった私は即断で大きめにしてしまった。実際は着付けの人の腕が抜群で全然苦しくないのに着崩れしなかったくらいで、浮腫《むく》む心配は必要なかったのだが、その時は予知できないことであり、もちろん結婚後太る自信（？）もあったので。結果、結婚式ではもちろん余裕、普段着けるにはあまりにも大きくしてしまったため結婚式以来指輪をはめずに来てしまった。それが良かったのかどうかはわからないが、失くす心配も料理の時の煩わしさも、また結婚後指輪が小さくなり（？）生涯外れなくなる心配もなかったことだけは確かだ。人それぞれ意見が分かれるところだろう。

ただ、結婚式で指輪が入らないドタバタを自分も経験してみても良かったかなと、その桃色のバイトの思い出とセットでなぜか時々思うことがある。

☆シルバーのバイト

通信販売の荷造り——大学一年生

短期間、単発の仕事もあれこれやったが、大学時代、通販の会社で発送の荷造りをしたことがある。

倉庫で注文の品を探し、適当な箱を決めて詰め込み荷造りしていく。形も大きさもさまざまなもの、数もそれぞれ全く違うものをまず入れる箱の大きさを決めるところから考えなくてはいけない。入らなくては問題外だが、あまり大き過ぎて緩衝材だらけになってもまずい。割れ物にも気をつけて箱を決め、商品がぴったり収まった時の満足感は格別だった。すごく単純なことなのに学校ではなかなか感じる機会のない感情。パズルを解いているような感覚にけっこうハマッた。

現在では周りの人から「そう見えない」と言われるが、もともと人見知りなので個人個人で動く作業も気楽だった。年齢もさまざまな中で仕事仲間との接触もあまりなく、商品の場所を教え合ったりするくらい。無駄口を叩く人もいなくて集中した職場だった記憶がある。担当の職員さんは質問、疑問にもすぐ的確に答えてくれたし、柔らかさの中に、ある程度緊張感のあるところだった。なんとなくぼんやりと輝いたシルバーのイメージ。灰色ではなく輝いているのだが優しい輝きだ。

私はほぼ初めてのバイトだったから非常に真面目に仕事をこなし、さっさと帰っていたような気がするから、もしかしたら絡みにくい存在だったかも。うーん、今思うにかなり浮いていただろう。

ほぼ初めての仕事をちゃんとしようと思うだけで、その作業のことしか頭になく周りを見渡す余力はなかった。その頃としてはそれが当たり前と言えば当たり前。しかしその後いろんな場所での経験を積んだ今になってみれば、あー、もったいなかったなーと思う。その時の記憶がパズルもどきの感激しかないことが非常に悔しい。もっと吸収できることがいっぱいあったはずなのに。

短期間でやりがいを持ってできた仕事だったというのは確かに感想としてあるのだが、ただ、それはその頃の私に見合った浅い満足感でしかなかったと言える。その倉庫に来るまでの流れや労力、また発送後のクレームを含めての処理などまるっきりノータッチだったわけで。幸か不幸かミスもなかったはずだ。あちゃ、失敗！　という経験はその時はできなかった。人間関係の煩わしさからもたまたま逃れ、全体を考える必要のないバイトならではの達成感でご満悦の顔がシルバーの中にある。

☆赤黒ストライプのバイト

百貨店の子ども服売場の店員——大学一年生

百貨店の子ども服売場で働いたこともある。

もう以前の話で今はわからないが、メーカーから入ったので百貨店直属のバイトよりバイト料が高いのだとあとから知った。逆の立場だったら怒っていたかもしれない。いや、実際怒ることはできなくても損したようなイヤーな気分に誰でもなるだろう。経験や能力で違いが出てくるのはわかる。しかし売場が多少違うとはいえ、仕事はほぼ同じだったのだから。世の中にはわけのわからないシステムがあるもんだ、と冷静に思えたのはたまたまだったということ。

子どもは大好きだったから苦にはならなかったものの、子どもどころか私はま

Kuma

だ結婚前で、子どもより一生懸命な親心には理解に苦しむこともあった。さらに6《シックス》ポケッツという言葉が出てくる前だったその頃、すでにババ心もすごい勢力だった。子どもが何でもいい、どうでもいい、あるいはこれがいい、と言っているにもかかわらず、着せ替え人形にしている姿は子どもが可哀想で仕方なかった。

今は親心も少しは理解できるようになったものの、あそこまで子どもの洋服選びに熱心になれない。私自身があまり洋服に執着がないせいだろう。

実は私は普通の生活には支障はないが生まれつきちょっとだけ足が悪く、いわゆるウインドウショッピングは若い時から大の苦手。足の痛みと服選びを天秤にかけたら……手近な服でさっさと決めてしまう方が多く、子どものためであってもそれは逆転までいかなかった。そして、ブランド物じゃないと……と言ってる人たちとは世界が違うと感じていた。だって子どもはすぐ大きくなるし、従姉のお古で十分と子どもも洗脳してしまった。上の子は男の子だったのに、よく女の子と間違えられたなぁ。あれ、話がズレてしまったので軌道修正。

その子ども服売場のバイトで一番思い出すのは、人生初となる長時間立ちっ放しの仕事のせいで、今までにない足の痛みにかなり苦しめられたこと。少々の痛みには小さい時から慣れていたはずなのに。普通の人でも慣れるまでは足がパンパンになってしまう一日中の立ち仕事は予想以上に大変だった。ツテがあってせっかく声をかけてもらったシガラミもあったし、短時間であればスーツ着用の時ははくこともあったヒールもあきらめて、「短期契約だしその間だけ頑張ろう！」と一大決心で臨んだというのに……初日で自信喪失。次の日「ごめんなさい」しようかと本気で悩んだものの、なんとか出勤、そして苦し紛れに迷案を思いついた。

午後に入り、足がヤバイ状態になってきた時は、今までより早めに「着てみよっか」なんて笑顔でお客の子どもに言ってた私。子どもは大概その気になってくれた。そうして子どもの着替えを手伝うという大義名分をくっつけて試着室で膝をつき、つかの間足を休ませるという手。子どもが可哀想なんて言えた義理ではない。

早く着せ替え人形から解放してあげたかったというのもウソではないのだけど。実際、いくつか候補があっての試着では、ほとんどの家族が決心してくれたから。子ども服に関しては、何着か着てみて「要りません」と何も買わずに終わりという親は滅多にいなかったのも売る側からすれば幸せだった。何より自分が気に入った洋服を買ってもらえた時の子どもの笑顔！　最後まで面倒臭がって不機嫌だった男の子もいたが、中にはいろいろ話しながら探すうちに買いたい服が見つかり、自分で抱え込んで帰った子の弾む足取りに、接客業の幸せの端っこを経験させてもらった。買った服を着て帰るという子がいた時も本当にうれしかった。

「接客業」を感じる瞬間は、「言葉」にもあった。お客様への言葉遣いはもちろん、お客様にわからないようにスタッフが用いる隠語もいくつか使えるようになった。機密事項ではないにしてもここではやはり出し惜しみした方がいいのかな。百貨店に限らずどこのお店にもあると思うが、最初はちょっと気恥ずかしかった。がそのうちトイレに行く時などに照れずに、「ちょっと近くへ行ってき

まーす」と言えるようになっていった。社員気取りの顔が浮かんでくる。

　このバイトのもうひとつの記憶。バイト用のちゃんとした更衣室がなかったこと。一応制服に着替えなくてはいけなかったのだが、着替えは売場のある階の展示パネル（フロアの壁になっているもの）の裏側、窓との間の一メートルもない隙間だった。百貨店のフロアのいくつもある窓（内側はパネルでふさがれているので外からしか見えない窓を内側から見ることができたのは喜ぶべき？）をずらっと見通せる場所だから長さだけはある。面積としてはかなりあったのかもしれない。ただ、何人も着替えるのに通り抜けも体を密着させなければ不可能な非常に細長い空間だった。

　またバイトでも社員食堂を使わせてもらえたのは助かったが、地下深く（売場よりも下の階でもちろんお客様は行けない）にあってなんだか暗いイメージしか残っていない。従っておいしかった記憶もない。ロマンチックな薄暗さではなかったから暗い中で食べる料理がうまいわけがない……と、これも本筋をはずれそうなのでこの辺で。とにかくお客様第一主義が徹底していたと言えなくもないけれど、あまり職員が大事にされていなかったような印象がある。

売場毎か百貨店全体だったか定かではないが売り上げ目標とやらもあったようで、二回くらい大入り袋をもらった時はうれしかった。たった百円でも目標達成はやはりうれしい。バイトにまでノルマはなかったからノンキではあったし、私の担当社員さんは特にとても優しかった。が、担当上司の悪口オンパレードだったバイトの子もいたからラッキーだったのだと思う。

目標達成の使命を抱えているとやはり気持ちはキックなるだろうし、イライラもするだろうから、私の担当はとてもできた人だったと言える。同時に、ノルマがない私のうれしさと、使命を帯びている人の達成感とは格段に違うだろうということは今の私にならわかる。苦しくなければ、うれしさもそこそこということだ。

商品交換や返品などややこしいことはすぐ正社員に引き継げば良かったので面倒は逃れられたが、そこで初めてクレームを受ける立場というのも経験した。正社員ではないので、直接クレームの処理はしなくてもよかったが、販売側、お客側の相対《あいたい》する立場で客観的に物事を見ることができたように思う。なんだかこう書くと素の私とは違ってとってもクールな人間のように見えるから不思議だ。でも、何かトラブルがあった時に少し冷静に考えようとする癖はこの時に素地ができたのかも。感謝である。場面場面にそれぞれの色もあるのだが、この時のバイト全体としては足の痛みに苦悩した思い出も含めて、はっきりとした濃い赤と黒のストライプのイメージが浮かんでくる。

☆紫のイルミネーションのバイト
ラジオ番組の電話受付――大学四年生

大学生時代、放送局のバイトでも面白い体験ができた。

ラジオ局で生番組中にそのスタジオ内に設置された電話で聴取者からの申し込みを受ける仕事。聴取者……今は「リスナー」という方が主流。テレビの「視聴者」に対して「聴取者」というのだとこの時初めて知った。この〝初めて〟が大好きな私。得をした気分になれる幸せな性格だとつくづく思う。そのラジオ番組自体、それまでよく知らなかったくせに、というずうずうしい性格でもある。

放送中にその日が誕生日の方からの電話を受付、最後に抽選でプレゼントが当たるというものだったと記憶しているがちょっと怪しい。どんなプレゼントだったかも思い出せない始末。というのも十台まではなかったが、何人もいる電話受付の一人だったから、バイトを始めてからも特に最初はかなりお客様感覚だったなと今思い返しても恥ずかしくなる。放送局というだけで魅力的だったし、その好奇心だけでスタートしていたから、当然仕事の方はそれなりにしか達成感はなかった。

それでも私の好奇心にとってとても居心地の良い場所だったのは確か。ご想像通り、たまにではあったがゲストとして芸能人と身近に会えるというのもそのひとつ。番組だけでなく放送局内で遭遇することも多かったから、毎回ウキウキ気分で出社？ していた。どのタレント、芸能人もテレビで見るより一回り小さく、そして細かった。キレイな人はよりキレイで、可愛い人はもっと可愛いのに毎回感動していた。なのに、サインを求めるのはなんとなくはばかられたので結局一枚ももらっていない。どうしてそういうところが奥ゆかしい（自分で言ってはお終い）のか苦笑ものだが性格だから仕方ない。

もうひとつ、番組中に電話受付が終了すると、最後はその他大勢の番組盛り上

1 2 3
4 5 6
7 8 9
* 0 #

げ役の一人となるのも楽しい時間だった。生の笑い声というわけだ。本当にマレであったがゲストに質問されることがあったり、その他大勢ではなくちょこっと出演？　してしまったことも良い思い出だ。

電話受付の間もスタジオ内であるため、ラジオからは電話応対の声がＢＧＭとして当然流れていて、それ自体が盛り上げ効果があるのだと途中で気付いた。番組制作というものの一端に触れた〝初めて〟の経験。

実は中高の六年間で放送部所属だったため、発声練習を含めたアナウンス一般、放送劇などでテープのダビングやカットを始めとした仕事については少なからず知識があったが、やはりアマチュアとは違うと感動した場面も数々あった。プロのアナウンサーのおしゃべりはもちろん、特に番組全体の時間に対する意識は格段に予想を超えていた。知っていたつもりだったが、それを目の当たりにするまで自分たちの意識の低さをわかっていなかったのだ。同じ生放送とはいえ、校内放送では何秒単位まで管理したことがない。

放送なんだから当たり前でしょ！　と誰もが思うだろうが、目の前で毎回時計の秒針が真上を指す瞬間ぴったりに終わるのがとても気持ち良かった。その瞬間時報が鳴り、別のところで次の番組の放送が入る。ほっとする。

そしてその時計の正確さにも驚いた。当然と言えば当然だが、それまでの私の時計感覚は一分くらいずれていても仕方ないという世界だったから、一秒の狂いもないその時計が支配する空間は比類なく張り詰めた世界だった。それまでがいかにアバウトな世界だったか……ただ、それがいつもいけないわけではない。隙間なく緊張していては疲れてしまう。放送終了直後のほっとした瞬間、スタッフのなごんだ顔を見てその場その場にふさわしい世界があるのだと思った。

番組終了間際は、鳴り物係としてラッパを鳴らしたりタンバリンを叩いて賑やかに番組の幕を引く。ラジオは音だけの世界、盛り上げるのも音を頼りに表現するしかない。それなのに一度、最後まで押してしまってバタバタと終わった時、持っていたのに鳴らすのを忘れたことがある。それも私だけではなくみんなだったと思うのだが終わってからスタッフに怒られた。ごもっとも！　それが仕事だったのだから。生の世界では取り返しはつかない。それからは任務を果たすべく頑張ったが、楽しい頑張りだったから威張ることではないか。

電話の音はおそらく響き過ぎてジャマになるため番組中は消してあって、ライトが点滅するだけだったと思うが、私の中ではその時の鳴り物の音と共に頭の中で鳴っている。その数々の楽器と同様、イルミネーションのようにさまざまな色が交ざり合っている中に、確かに電話の音もあるのはナゼだろう。色としては紫がかなり多く、グラデーションのように変化し種類が多いようだ。

もちろんウキウキだけでなく、電話受付の仕事についてだけでもいろいろ教えられた。スタッフからも電話の相手からも。言葉遣いはもちろんだが、名前と生年（月日）、連絡先を聞くだけなのに、それこそさまざまなことがあった。番組についての感想を言ってくださるお客様には、時間を焦りながらも感謝してありがたく聞かせていただいた。

「今日は○○人からお電話がありました」と番組内で発表するわけで、電話受付の仕事の功績は人数での評価しかないのだから、受けられる電話の数が減ってしまうことがどうしても気になる。でも仕方がない。クレームも同様。でも、多くの特に目上の方（比較的年配の方のファンが多い番組だったので）の感性に触れられた良い機会だった。

番組が終わってからも仕事があった。プレゼントの当選者に連絡して、発送のために住所と名前を漢字で教えてもらわなければならない。少しでも多くの電話を受けるため、受付の時は名前もひらがなでしかメモしていないからだ。なので最初に聞き取った電話番号が違っていたらもうアウトとなる。ここでも、ただ頭だけの理解でなく体験から「確認」の大切さを知った。そして住所や名前を書き取るというそれだけでも今まで知らなかった世界があった。住所には全国さまざまなパターンがあるということ。例えば○○町《ちょう》○○町《まち》というように、町の名前が二つ重なる場所があると知らないメンバーがいてパニクったことがあった。私はたまたまそれは知っていたから不思議に思わず、何度も電話に向かって聞き返していたメンバーに「それでOKだよ」と教えることができたが、それを知らない人がいるのだというのも発見だった。考えてみれば「町の中に町」の方が確かに不可解ではある。その両面から、いかに知らず知らず思い込んでいることが多いことかと認識した瞬間。

ということですでに年がバレバレだが、まだパソコンでデータを管理する時代ではなく、全て手で書き取りという時代だった。従って住所や名前の漢字を確認する時も、漢字を知らなければ非常に苦しいのだ、とわかった。ヘンやツクリを言われても知らなければ書けない。こちらから確認する時にも知っていればとても便利。うん、勉強は大切だと痛切に思った仕事だった。知っていれば知っているだけ楽になる。それは相手側としても同じで、どちらの立場でも知識はあるだけ役に立つんだなぁとつくづく思った。

パソコン時代の現在は勝手に変換してくれるとはいっても、変換を間違っていては仕事にならないはず。しかも名前には旧字体や通常の変換辞書にない字もたくさん。人生、無駄なことはないのだ、とイルミネーションの中で声が聞こえる。

☆茶色のバイト
合同庁舎の事務――大学四年生

合同庁舎の事務のバイトでは、こんなノンキな仕事場もあるんだなーと変に感心した。はっきりとした部署名は忘れてしまったが、クレーンなどの特殊機械の認可の更新手続きか何かそんなものが主な仕事だったように思う。短期間だったこともあり、仕事内容をこれほど覚えていないというのもよほど印象が薄かったのが原因、と自分の記憶力の無さを棚に上げて思う。なにしろ、「これをやった！」という達成感は一度も無かった。そこでちゃんと思い出せるのは、あっという間に仕事が終わってしまい、やることが無くなった時に職員さんが言った言葉。

「ゆっくりお茶でも飲んでて」
「?!」
まだ二十歳《はたち》そこそこで若かった頃のこと、のんびりできてラッキーの気持ちがあったのも確か。女の子同士、きゃっきゃ言いながら時間を過ごしたものの、どこかでこれが許されるのか、という罪悪感は常にあった。職員さんは一応別の仕事をしていたとは思う。が、私たちのおしゃべりに加わってくる時もあり、とにかくゆったり。白い建物だったような記憶もあるが、全体を包んで茶色のイメージで残っている。

お役所仕事が全てそうだとは言えないし、その後あちこち見てきた経験から言っても役所の中でも特別のんびりムードだったところなのだと思いたい。ちなみにこれはかなり以前のことで今は全く知らない、ということと職員さんみんなとっても優しかった、と付け加えておかないと。

それにしても忙しいところがバイトを雇うのが普通。あくまでも想像だが、年度末に予算消化のために招集されたバイトだったのだろうかと懸念している。どちらにしても、私のバイト料も税金から出ていたのだと思うと、世間から近年やっと叩かれ続けて少しは変わっていることを祈るのみ。

罪悪感にフタをした時、同時に私にとってはうれしいことに、そのゆったりとした雰囲気の副産物があったと気付いた。仲間とじっくりおしゃべりできたおかげで、そうだ、初めてバイト仲間と踏み込んだ付き合いが生まれた職場だったな、と。バイト帰りに一緒にお茶するという楽しみができたのだ。バイト期間が終わってもしばらく一緒に遊びに行ったりした。楽しい思い出である。

バイト帰りのお楽しみはそれまでにもあったが、以前からの友だちと一緒のケースばかり。だから他の学校の人から自分の学校の評判を生で聞いたのも〝初めて〟で新鮮だった。結構辛辣に意見を言ってくれた女の子もいる。私がそのイメージと違うというのがそもそも言ってくれたきっかけだったが、そうか、学校のイメージでまず世間は見るんだな、と改めて思った。学校そのものが派手な印象だったらしく、要は私が垢抜けていなかったということである。バイト慣れしていた彼女にとっては、その仕事場の雰囲気より何より一番の驚きだったようだ。言い訳させてもらえれば……役所のバイトにそんなに派手な格好はして行けない……ということにして欲しい。

事務整理については〝初めて〟で、お役所の仕事というのも〝初めて〟。特別難しいこともなかったので、ごく普通にこなしながら、その都度ある程度の感激はあったと思うのだがいかんせん記憶が……。仕事の内容そのものではなく、数年経たないうちに「覚えていない」ということで記憶が甦る、私には教訓的なノンキなバイトとなったのである。ただ、他にこれまでの自分の範囲外の人との付き合いという新たな楽しみを与えてくれた茶色のバイトだった。

☆赤のバイト
家庭教師パート１――大学一～四年生

ノンキといえば、私にしては長期の部類に入るバイトを大学時代通じてやっていた。家庭教師である。家庭教師がノンキ、というと非難が集中しそうだが、理由はあとでわかってもらえるだろう。

その後就職した時の給料よりも稼いでいた月もあった。自宅通学だったから人生で一番裕福な時代。

何人か入れ替わりがあったが、だいたい常時三～五人、またある時期はそれ以上請けていた。頼まれてうれしくてその気になり、多い時は一日二人を時間差で、などという無謀なこともしていた。当然自分の勉強そっちのけになるわけで、自分に関してノンキだったという意味だ。

私自身が受験勉強が嫌いだったので、受け持った生徒さんほとんど小学生の基礎希望の子どもたち。中学生だとしても勉強が苦手で、「わからないところがわからない」子たちを対象として、まず「勉強するのも悪くないよ」と教えていくのが好きだった。

といっても私は頭が切れる方では全然ない。でもだからこそ私がひっかかって苦労したところについては特に、どうやれば理解できたかをじっくり説明することができた。そう、初めて自分が天才でなかったことに感謝した。というのも私の弟はかなりデキル人間で、やはり家庭教師をやった時、「その子がなぜわからないかわからない」とぼやいていた時につくづく思ったからだ。天才は偉大な指導者にはなれない、というのはこういうことかと。弟を「天才」、自分を「偉大な指導者」に置き換えるなんてそこも無謀な飛躍ではある。若気の至り。

もちろん全ての子を勉強好きにする夢はかなわなかったが、私との時間を楽しみにしてくれてる子がいるのがわかった時はうれしかった。何しろ勉強自体がイヤになりかけてる子、もしくはすでにキライな子たちだったので、楽しくなければこちらに向いてさえくれない。勉強というよりクイズ遊びみたいな時間にしてしまったこともあって、実は私も心底楽しませてもらった。その辺りもノンキといえばノンキ。でも、知識を得ることの楽しさ、わからなかったことがわかった時の快感、もっと知りたいという欲求が生まれていく過程はとても神聖なものに感じた。

だから自分で問題を作ったり挿絵を入れたり、少しでも楽しい教材作りに自分の試験勉強より熱心に励んだことは良い思い出になっている。あの情熱がもう少し自分に向けられていたら……という後悔も若干混じって。

さて、そういう子たちだから自分から家庭教師を求めているわけがない。ほぼ全てが親の意思から始まっていたが、もしかしてうまくいけばという程度でいきなり成績向上を求めてくる教育ママ、パパがいなかったことも私の遊び心に拍車をかけていた。仕事を請ける前にそれをすぐに期待されても困る、と念押ししても断らなかった親だったから。なんともワガママな家庭教師であった。

でもおかげで子どもとじっくり向き合えた。そして、子どもたちはみんなお手上げ状態で逃げの姿勢になってはいても、心の奥底ではなんとかしたい、と思っていたんだなぁと感じることが多かった。誰だって勉強はできるようになりたいものだ。きっかけさえ掴めば、どんどん自分から取り組んでくれるようになるのが本当にうれしかった。その頃全体が明るい赤のイメージなのが不思議だ。自覚はなかったが、ある意味子どもたちとの闘いの日々だったという感覚なのかどうか。メラメラ燃える火の赤ではなく暖かい赤ではある。

ある家では多少遠かったこともあり、夕食付きだった。たまにお誕生会などのイベントでパーティー料理をお呼ばれする機会はあっても、自分の家以外で普通の夕食を毎週食べる経験がある人はどのくらいいるだろう。私が行く日としていつもより豪華だったのかもしれない、そのおいしい夕食がとても楽しみだったし、ヨソの食習慣というものに〝初めて〟触れた機会でもあった。本当に家庭によって、配膳から始まって調味料の使い方、食べ方、食器の片付け方、洗い方など細かいことまで言えば数限りなく違いがあるもんだと感心した。これはこうやって食べるもの、なんて思い込んではいけない。まだソース派、しょうゆ派があることも知らなかった時、我が家は父が大のソース好きだったので、〝目玉焼きにしょうゆ〟は驚きだったが、それ以来私のお気に入りとなった。漬物の切り方ひとつとっても、我が家とは違う大胆な大きさの歯ごたえを楽しんだ。

そして、大家族で自分の箸というものはなく自由に使っていたのも新鮮だった。〝お客様の箸〟、あるいは割り箸を特別に出されたことがなかったのも、居心地が良かった理由だろう。最初の頃、支度を手伝おうとして箸の準備で迷っていたら、そんな時は逆に子どもが先生になった。私も素直に教えてもらった。そう、別に闘ってなどいなかったのだが、やはり夕飯時もあったかい赤に縁どられているな～。

大学卒業後、就職して家庭教師のバイトは従妹に引き継いだり、終了となったり……。その時は寂しさももちろんあったが、ひとつ終わったという区切りの気持ちが大きかった。何年か過ぎてひと山越えていたこともあり、ちょうどいい時期だったからかもしれない。

たまたま知り合いに頼まれて始まった家庭教師だったが、やってみて人に教えるということがキライじゃない自分を認識できた。ただ、先生になりたいと思わなかったのはナゼだろうと自分でも思う。今もう一度その時の気持ちを考えてみると、たぶん出発が一対一の個人だったから対応できたという思いがある。それがクラス全員となるととても私にはできない、という確信があったのが一番。絶対エコヒイキしてしまうだろうし、全員に平等に……の器はないと判断していた。なんとも大げさではある。でも人に教えるということをとても神聖なものと受けとめていた私にとって、教師という職業は気楽には考えられなかった。

しかし、その気になりかけたことも。在学中の旅行先で面白半分に四柱推命で占ってもらい「『教』が四つも出ている。先生になりなさい」と言われた時は相当悩んだ。結局自分の感性を優先させてしまい、先生になるのはやめてしまったから「赤」なのか……が、自分では本心から今も後悔はしていない。

☆黄色のバイト
家庭教師パート2——主婦三～六年生

その代わり「教」がついて回っている、と我ながら驚いたのが結婚後にまた家庭教師を依頼されたこと。全く別の都市である。私は教員免許も持っていないとはっきり伝えたにもかかわらず。

結婚のため遠方への引っ越しを余儀なくされ、就職先にも転勤を希望したが叶わず、心ならずも私は仕事を辞めていた。そこにたまたま近所の共稼ぎの家の子どもたちが遊びに来るようになり、そのうち「だったら宿題を持ってくれば」と言ったのがそもそもの始まり。最初は母親代わりで、「遊ぶなら宿題済ませてからね」の一言に渋っていた子たちが我が家で宿題をやるようになったのだ。その子たちもその方があとから楽というのはわかりきっていて、素直に宿題を持ってきた。しばらく学童保育みたいな状態だったと言える。

その頃はそんなことを感じるヒマもなく、ただ楽しかった。知り合いも親戚もいない見知らぬ土地だったし、人とのつながり、しかも大好きな子どもとの触れ合いを喜んでいた。宿題が終わると一緒にケーキを作ったり、外でキャッチボールをしたり縄跳びをしたり……。よく生クリームを交代で泡立てていたからか、白いイメージの中に浮かび上がっているがこれはバイトの色ではない。

その子たちは小学生だった。そのうち宿題でひっかかっているところを新しい問題を即席で作って「やってみる?」……、宿題から広げて「こんなこと知ってる?」とクイズ……、なんておせっかいが始まってしまった。

そうやってしばらく過ぎた頃、一人のお母さんから「知り合いが子どもを教えてくれる人を探してて、あなたのことを話したらお願いしたいって」と言われたのだ。びっくりした。自分は単なるお遊びでやっていたに過ぎないのに、そうなるとちゃんとした仕事になってしまう。断るつもりで話をさせてもらったのだが、最後にはお互い納得の上で請けることになった。その子は勉強に今つまずいており、どうしても何か切り替えが欲しいとのことで、私のポイントをつかれてしまったのだ。そう、力量を超えていることを省みない悪いクセ。

勉強から離れているし、この地域の受験事情はもちろん知らない、情報を得る手段も持たない、と了解してもらった。

その結果、今までの子どもたちについても同様に正式な家庭教師となった。話を持ってきたそのお母さんもそれまで気にされていたので、遠慮せずにそうさせてもらった。その頃から画面に色がついてくる。明るい黄色があちこちに広がってきたのだ。

また問題作りが始まった。相変わらず宿題が中心ではあったが、毎回何かひとつ目先を変えたかった。充実した時間を過ごせた時期だったと思う。

人の家に行ってお茶だのケーキだのを出されるのが実は苦手だったし、途中でペースを崩されるのもイヤだったので、基本は家に来てもらっていた。それで一度やらかしたことがある。都合で曜日を変えたことをすっかり忘れ、私はたまたま疲れていて、子どもが来た時、なんと寝てしまっていた。玄関のピンポンで目を覚ましたのだ。一瞬時間も自分がどこにいるかもわからなかったが、次の瞬間全てを悟り「ちょっと待っててねー」。自分では落ち着いた声を出したつもりで、慌ててパジャマもどきの服から着替えやっと招き入れた。おそらく髪もひどい状態で子どもも察していたかも。何と言い訳したかは覚えていないが、とてもおとなしいその子が笑っていた記憶がある。

それにしてもその時新聞の集金かなとか、誰だろうとか全く悩まず、自分が寝てたとわかった時には瞬時に全てを理解できたのが不思議だ。その時の「冷や汗たら〜」という教訓もあり、約束についてはそれまで以上に確認する癖がついた。おかげでほぼ？　成功している。

ケガの功名か、それ以来ぐっとその子との距離が縮まったような気がするので、失敗も悪いばかりではないということもわかった。とぼけた「おばさん先生」は引っ越してその土地を離れるまで二年くらい黄色の中で幸せだった。

☆オレンジ色のバイト
家庭教師パート3——主婦六年生

その最中に、もっと驚くバイトが舞い込んだことがある。将来帰国子女になるかもしれない子どもたち二人に日本語を教えて欲しいという依頼だった。たまたまその時は夏休みの間だけ日本に帰国していたのだ。その子たちは日本語の会話は多少できるものの、文法的にまた主に漢字が苦手、というもの。どこまでできるかわからなかったが、とりあえず私もまた懲りずに挑戦である。

彼らは姉弟、中学生と小学生。勉強のために基本は日本語としたが、それでは伝わらないことも多く、結局英語交じりの会話となってしまった。これがまずかった。気を許すと英語でおしゃべりが始まる。学校ではないとはいえ、勉強に来ているとは思えないのびのびした態度は、やはり日本育ちの子どもとは違っていた。彼らは全然気後れしないし、遠慮もしない。最初に私が「先生って思わなくていいから」と儀礼的に言ったことを素直に実行しただけである。建前は通じない。彼らにしてみれば、私はただのオバサンなのだ。

ただその分、気は楽だった。自分がわからないことは「それは私もわからないな。一緒に調べよう」と言えた。なんせ私たち日本人が疑問に思ったこともない言い回しを「なんで？」と聞いてくるのだ。焦った。何も知らなかった自分。黄色からやや攻撃的にも見えるオレンジになった。

でも、それで欧米人の考え方の一端を知ることができたように思う。大学でも勉強したし、世間一般の常識としてわかっていたつもりだった。でもいくら頭の中では整理できていてもわかっていなかったと痛切に感じた。体験して実感しなくては本当の理解ではないのだと。

とにかくYES、NOをはっきり言わなくては進まない。「曖昧」は通じなかった。そして何より日本の習慣や言葉、各地の行事まで今まで何気なくやり過ごしていたことを根本から見つめ直すことになった。夏休みだけでなかったら、私はすごい雑学王になっていただろう。ただ、凡人の私は夏休みが終わると同時に知識欲も今までのそこそこレベルにあっという間に戻ってしまっていた。必要がなくなれば自分から求めることはなかなか難しい。あれだけ感動したというのに全く進歩がない人間だとオレンジを思い出しながらいつも呆れている。

☆無色のバイト

保険会社の事務員パート1――主婦二～三年生

結婚後のある時期の仕事はかなり生活のための切迫感があった。稼がなくては……という初めての感覚。それまで経済的な面で苦労がなかっただけでも幸せだと思うが、その頃のバイトには色がない。そして思い出となるような〝初めて〟の記憶も感動もない。

しかし、同じバイトでも気持ちに余裕が出てきた頃から色が付き始める。経済的に楽になったというわけではないのに「なるようになる。同じやるなら楽しんでやろう」と開き直れた頃。そう、気持ちに余裕がなければ仕事も楽しめないし、〝初めて〟を感じるアンテナもなくなってしまうと気付いた。その間にも絶対どこかに〝初めて〟はあったはずなのに、と後悔しきりである。

あとから色の付き始めた仕事のひとつに保険関係の仕事がある。私の中では「保険関係」であって「保険」の仕事ではなかった、とわざわざコトワリを入れる理由はのちほど。

もともといつもの好奇心からではなく、頼まれて仕方なく収入のためもあって始まってしまい、最初はあまり気がすすまなかったので色がなかったのだろう。私が不覚にも滅多にひかない風邪で寝込んでしまった時、大量の果物を始め、あれこれお見舞いを持ってきて世話を焼いてくれた人に頼まれてしまったら、イヤとは言えなかった。

内勤の仕事ということだった。その頃、保険の外交員が携帯式のパソコン端末（ノートパソコンという言い方ではなかったところが時代を感じる）を持ち歩くことになり、そのインストールを含めてそれに絡む事務仕事一般をバイト契約で依頼された。外交の仕事は心底苦手だったので、そちらを頼まれたならいくら義理があっても引き受けなかった可能性が大。

インストールそのものは手順に沿ってやるだけで特別困ることもなかった。ひとつひとつにかなりの時間が必要で一度にできない形だったが、もしそんなに時間がかからない仕事だったなら、そこの営業所の営業員分の数をこなせばバイトに色が付く間もなくそのままお終いだったろう。考えてみれば保険に関わる仕事もノートパソコン自体も私にとって〝初めて〟だったわけで、そこに感動がなかったことが逆に不思議である。そこの部分が唯一仕事を引き受けた積極的な理由とも言えるが、その頃いかにアンテナを閉ざしていたか……。そのままの感覚でその後も人生を過ごしていたらと思うと恐くなるくらい。

☆黒い縁どりのバイト

保険会社の事務員パート2——主婦三年生

生活そのものの不安が消えたわけではないが、同時進行で他の仕事との出会いがあり、その刺激で生来のノーテンキが復活した。また保険関係でバイトに入ったもう一人の女性と個人的にも次第に親しくなれて、仕事場自体が明るい雰囲気になってきたことも大きい。彼女にも感謝。もともと決して暗い職場ではなかったのだが、それまでは光がないから色がないという感覚だったような気がする。

とにかく開き直ったあとの私にその保険関係の仕事で変化が起き始めた。いや、私が断固断れば変化も起きなかったわけだから、結局は自分で変化を求めたことになる。

その頃から画面の真ん中がスポットライトに照らされるようなイメージで浮かんでくるバイトとなった。

保険会社の仕事を始めて一ヶ月が経った頃だったろうか、「保険外交員の試験がある」と所長から話があった。せっかく関わっているのだから「受けてみれば」というお誘い。直前までの私だったら、即座に断っていただろう。外交員をやるつもりは全くなかったので必要ないし、資格マニアでもない私。そう、なんだかんだと経験してきたからある程度できるようになったことがいくつかあるだけで、究極の無資格人間だと今でも思う。

でも、その時ちょうど気分が上向きに変化した直後だった。そして復活した好奇心が保険のことを知っておくのも悪くない、と訴えてくる。結局試験を受けることを承諾してしまったが、外交員になる自信は全くなかったのでそこは所長に強調して了承してもらっていた。

好奇心があれば集中力もアップするようで、短期間での勉強であったが無事合格。保険制度のことに少し詳しくなったのはその時のおかげ。ただ、今もわからないのは平均寿命とか死亡率からどう考えれば保険の根幹を成す保険料の計算式ができるのか……。その保険に入ってくれる人数によって全然違うだろうと思うとすっきりできなかったのだ。

実際その時のバイトでインストールしているプログラムには、保険の種類や年齢や性別等を入れていけば勝手に保険料を計算してくれるシステムが入っていた。すごいプログラムを組める人がいるもんだとやっと感動のアンテナが動き始めた頃。ソフト作成に関して全く無知だった私はやっと〝初めて〟に反応し始めていた。でも、ひと通りの勉強を終えて運転免許証以来初めての資格を取れただけで至極満足していた時でもあった。その疑問が心の片隅で非常に気になりながら、そこにすでに完成しているものとして、うん、だから目標の人数があるんだろうなという程度で無理矢理納得、そのまま好奇心を抑え込んだ記憶がある。頭の良い人に任せておくべきもの、という認識だったが、その疑問がスポットライトに浮かんで残っているのに今感動している。今もわからないまま、よっぽど気になっていたんだなぁ。一生大事に取っておくのも悪くない。

本筋に戻ると、その試験の際にまずちょっとひっかかったことがある。試験の際、名前や所属を書き込む時に「内勤」に○をしたら、試験官に質問されて不思議がられたのだ。「内勤です」と押し通してその時はすぐ忘れてしまった。

しかしそのうち声をかけられて、外交について行かされたりし始めた。あまり深く考えず、どうせなら楽しまなきゃという精神で、散歩気分でついて行った私。ただ、お供をするだけという立場だったから同行したわけで、会社訪問という〝初めて〟を自分なりに満喫していた。しかし、さすがに鈍感な私も会社側の思惑を感じ始める。もし一人だったらと考えるようになったが、「やっぱり苦手だ」と再確認しただけだった。向き不向きはどうしてもある。その時の気分がクローズアップされ、だんだんと周りの陰が深くなり、黒い縁どりがはっきりしてくる。

そして、最初の契約ではそろそろバイトも終わり、という頃、思った通り外交員に切り替えてほしいとの何度かの打診を辞退し続けていた私の元に、なんと源泉徴収票が届いた。驚いたというよりワケがわからなかった。これまでのバイトで源泉徴収票をもらった経験がなかったので、まず、「ナゼただのバイトに源泉徴収票が届く?」という疑問。次に、支払い金額が大きく違っていることに気づき、人間《ひと》違いではないかと思ったのだ。

所長に確認したところ、会社側では私は正規社員として登録してあった。びっくりである。あきれてしまって怒る気も失せた。さぞ言い逃れたかっただろうが、最初の私の混乱を見てか、素直に認めてくれた。その営業所だけのことだったのかどうかわからないが、所長は会社側から出た給料の中から私のバイト料を払っていたようだ。間に入ってくれた人との関係もあり、所長がしきりに謝るので事を荒立てるのは止めてしまったが、人が好過ぎたかもしれない。その後すぐにバイト期間が終わってしまい、もう面倒なことには関わりたくない気持ちが強かった気もする。今思えば給料の残りはどこへ行っていたのだろう。それ以上に年金記録が問題になっていた時に気にかかったが、影も形も入っていなかったので安心した。それだけいい加減だったということで、ここに書いていいのかどうかも迷ったが、もう時効だろうからいいか。

決して認めるつもりはないが、その所長にも私ごときでは知り得ない已むに已まれぬ事情があったのかもしれないとも思う。ただ、そうであってももちろん許されることではないし、あやふやにしてしまった自分を思い出すにつけ、二度と繰り返していて欲しくないなと願うばかり。私は外交員にならなくていい、と何度も約束してもらっていたはずの所長。それも実は守る気がなかったその所長という人物がとても弱い人として記憶に残っている。

というわけで、最後まで他の色は付かないまま黒い縁どりだけが残るバイトとなってしまった。ただ、スポットライトの中に輝いていた今でも続いている友人を得ることができたこの仕事に感謝しているし、決して仕事自体が黒いイメージではないことは付け加えておきたい。

☆群青色のバイト

原稿書きのスタッフ——主婦一〜二年生

恥ずかしくてあまり大きな声では言えないので小さな声で言うが、ほんのちょっとだけ原稿を書いていた時期がある。それも友人のツテでそのスタッフに入り込んだ口。本当に人に恵まれているなと改めて実感する。

知る人ぞ知る、とある先生の事務所で原稿を書く一員となった。他にも何名か原稿依頼の来る先生のお弟子さんがいらっしゃったので、その中から本人がさばききれない原稿が回ってくるというもの。

その事務所としての原稿もあったので、毎月の担当ももらえて、なんだか業界人になったような浮かれた気分で始めた仕事だった。書くことは嫌いではなかったし、むしろ好き、さらに言えばちょこっと自信も持っていたくらいだったから張り切ってスタートした。しかし、その根拠の無い自信は次第に崩れていく。

最初私に回ってきた仕事は本当に小さなスペース、字数も限られていた。でも分量が少ないから簡単というわけではないとまず思い知る。むしろ、その限られた中で全てを伝えないといけないわけで、言葉を探す苦労を痛感した。字数に納まる範囲で一番適切な言葉を探す作業。ちょっとステキな表現を思いついても、枠に納まらなければ何にもならない。

さらにその内容。ある専門分野についてだったのだが、直前にもらう資料のみを参考に、最初は字数と格闘しながらも何の迷いもなく勢いで書いていた。しかし、何ヶ月かが過ぎ、何回も書くうちに苦しくなってきたのだ。知識の無さをもさらに思い知っていく。膨大な容量の積み重ねの中から文章をつむぎ出していく先生方とは違って、資料と聞きかじったほんの少しの知識の中から毎回引き伸ばしていかなくてはいけない。それでなくても浅い知識がイヤでもますます薄っぺらなものとなって目の前に現れる。締め切りもある。

スタート時はこの「締め切り」もとても魅力的な響きだったのに。いっぱしの物書きになった気分で元々夜行性だった私は徹夜も苦にならなかった。そして、渋滞のない夜中に首都高を飛ばして事務所に原稿を届けに行くのもお気に入りの習慣になっていた。小さなスペースだけでなく、雑誌や本の数ページ分の担当になったこともあり、字数制限の苦しみが和らいだ時は実際楽しんで書いていたのだ。首都高からの景色、夜の闇の中だが真っ暗ではない、群青色の背景の思い出である。

そして群青色の中で「締め切り」が徐々に痛みを伴うサイレンとなって響き渡ってきた。「書く」ことが苦痛になるなんて思いもしなかった。一から勉強することも考えたが、すでにサイクルの中に取り込まれている状態で、当時私の中ではだんだんと逃げることしか考えられなくなっていたのだと思う。

はっきり辞めることを決心したきっかけは読者からの手紙だった。生まれて初めてもらったファンレター。もちろん私が書いたことなど知らない人からであってそのコーナーに対する感謝の手紙だったのだが、あまりに素直なその言葉に私

の苦痛が全身に拡大してしまった。もちろん、その時私にできる精一杯の努力で書いていたつもりだったからうれしくなかったわけではない。ただ、同時にその程度の内容しか書けていないものをあるがまま信じて受け入れてくれている人がいる、という現実を知り、いたたまれなくなってしまったのだ。

先生は私の希望を「去るものは追わず、だから」とあっさり認めてくれた。というより、見放されたと言った方が正しいのかもしれない。逃げ出したのだから当然である。

私の人生で唯一中途半端で終わったバイトだ。精一杯の努力と言いながら、とりあえず今「書く」ことから離れたい一心でできる努力もしていなかったと、あとになって反省した。本当に精一杯努力していたなら、あの読者からの手紙も当然うれしいだけだったはずだ。自分が頑張り切れていないのを知っていたから、逃げ腰であることをどこかで自覚していたから喜べなかったのである。大きな声で言えなかった最大の理由。

しかし夜の闇の中に明かりが灯り群青色になっているように、楽しい思い出、私の大好きな〝初めて〟もたくさんあった。先生方との会話、文章を書く時のいくつかのヒントやアドバイス、それぞれの雑誌社専用の原稿用紙、雑誌や本になるまでの工程、夜のドライブなどなど。もう少し根性があったら、もっともっとアドバイスをもらえていたかもと思うと残念ではあるが、イヤイヤ続けていたのではその時の私にはそれ以上は受け入れる余裕もなかっただろう。そこにあるヒントも見えなかったに違いない。

余談だが、うれしくそして感動した思い出を書きたい。先輩メンバーの一人で、私に声をかけてくれた友人が書いた文章がある。

「校正で直されずそのまま載ったら見てみて」

と言われ、買った雑誌を読んでみた。最初はなぜ彼女がわざわざそんなことを言ってきたのかわからなかったが、その文章の行の一番上の一文字（ひらがなにして）を拾っていくと……なんと私の名前になっていた！　校正で直されて行がずれたら成立しなかったこと。書く側となって改めて味わった感動と共に、私にはそんな余力は到底ない、と脱帽したのも群青色の中でひときわ明るい灯りとなっている。雑誌社に知られたら「ふざけるな」と怒りを買いそうだが、楽しんでやるのが一番、だとやっぱり思う。

反省したのち、今また書くことが楽しいと思えるようになった。まだまだつたない文章でもそれを書きたいと思えたのは、「書く」ことから一時離れたからこそ。そしてその時だけでなく、いろんな場面での気持ちを誰かに伝えられたらいいなと思うようになったのもその経験のおかげである。もしかしたらたった一人でも、そうかぁ、と言ってくれる人がいるかもしれないと密かに思いながら、私には必要な休憩時間だったのだとやはり思う。もしかしてそのたった一人には、あのファンレターの彼女を望んでいるのかもしれない。

自分が浅はかだったと自覚することができた群青色の教えである。

☆点滅する緑のバイト
検品――主婦十四年生

今さらだが、そういえば主婦となってしまったあとはバイトとは言わないのだろうか。でも、人生を通じて私の中ではバイト感覚の仕事が時折舞い込んでいた。

ある時、運送会社の仕事をすることになった。引っ越し手伝いでも運転でもない。主には商品の検品作業。配達するだけでなく、その中身の検品も運送会社がすることがあるんだ、と初めて知った。友人から誘われて行くことになったが、そこで初めて派閥なるものを経験した。ちょっとオオゲサ。

友人があちこちに声をかけ、人数を取りまとめてグループで行く仕事だったのだが、その彼女もやり始めたばかり。その前から入っているグループがあったのだ。その人たちは私たちより年長、その仕事自体も長いので絶対的に先輩である。グループ毎で作業するので絡むことはあまりなかったから、仕事そのもので直接何かあったわけではないのだが……。ただ、友人の世話役に対してはいろいろあったらしく、実情を聞いた時は「なんだ、それ」と思った。

私たちはごく普通に仕事をこなしていたに過ぎない。かなりの数の検品をこなさなければならないし、これは一人ひとりやるよりも流れ作業でやった方がいいよね、とその内容によって考えながら仕事に向き合っていただけだ。主婦とはいえその職場では比較的若い人が集まったグループだったし、頭の回転も動きも速いから、自然と仕事の進みも速くなる。それがこれまでのグループからイヤミを言われる原因となるなんて思いもしなかった。

「仕事を早く終わらせては困る」と言われたと聞いて、最初はどういう意味かわからなかった。こういうことだ。例えば、あるひとつの仕事を三日間という約束で召集される。それが二日で終わっては一日分、つまりもらえる予定だった時給何時間分かが減るというわけだ。

今までのグループの仕事量に合わせて仕事の期間が決められていたようだったが、それ自体が余裕を持ち過ぎのような気がした。会社側としては仕事が終わらなければバイトを延長するか、無理な人がいればまた新たに手配しなければならないわけで、最初から人員を確保しておきたいのは当たり前。でも、限度がある。時間が余った、というくらいなら理解できるが、これまで一日（あるいはそれ以上）も余計にかかっていたという事実が浮かび上がったことになる。文句を言う前にそのことを恥ずかしいと思わないのかと逆に不思議だった。まだ私にも若い正義感が溢れていた時代。

今は彼らの気持ちもわかる。せっかくの時給がフイになるより、のんびりやればそれだけの金額が元々保証されているのだから。常時必ずあるという仕事ではなかったこともあるだろう。その分仕事があった時は余計に最初に言われた時給分期待してしまうのもうなずける。

だからといって、その頃はその人たちと同じように時間合わせのためにダラダラ仕事をするのはみんな性に合わなかった。うれしかったのは、私だけの気持ちではなかったこと。よくも生真面目な人間が集まったものだが、悪いことをしているわけではないので堂々としていられた。世話役がその攻撃にどう対処していたか私にははっきりわからなかったが、尊敬する彼女はうまく流していたようだ。そうして、しばらくすると私たちが入ったことでちょっと空気が変わったなと感じられるようになった。

その会社側も今までがのんびり過ぎたということに初めて気付いたのか、それともあまりに長い期間仕事をしてもらっている手前、知りつつ言えなくなっていたのか……。その会社には感謝してもらえたかもしれない（もちろん世話役の人が、である）。私はいつもいつもその仕事に参加できていたわけではないので、久しぶりに顔を出した時、仕事場に良い意味の緊張感が出て来始めたな、と感じたことがあった。あとから聞いたら、今までのグループが危機感を覚えたようだ。やはり仕事が速い方のグループに声がかかりやすいのは自然の摂理である。

☆点滅する緑のバイト——検品

大量の人数が必要のない時はこちらに優先的に話が回ってくるようになったらしく、それにやっと気付いたのだろう。

ダラダラとやる仕事よりも競い合いながらやった方が絶対楽しい。仕事の対象はバラエティーに富んでいたが、検品は同じことの繰り返しであり、面白くないと思ってしまえば実際全然面白くなくなる。せめて目標があればやりがいができるというものだ。

中には感激！の仕事もあった。「知らなかったことを知るのは楽しい」は、どこにでも通じる。私が覚えている中で一番楽しかったのは計算機の検品である。まず箱からビニールに入った小さな計算機を出し、そのビニールからも破らないように気をつけて出す。そして実際計算をしてみる。合っていれば、またビニールに入れて箱に戻す。至極単純な作業だが、その「計算式がある」というのを〝初めて〟知った。しかし、「楽しかった」というわりには……、この私のことだからもうおわかりだろう。しっかり計算式は忘れてしまった。ただ、その計算をすると全て8が並ぶ、ということに感激したことだけが焼きついている。

8がきちんと並ぶことで計算機能もOK、そしてどの数字にも当てはまることで液晶画面としても全てOKとなる、すばらしい！　と思った。幾度となく世の中のそういう〝初めて〟を経験したがその度に思う。いったいそういうことを最初に誰が思いつくのだろう。頭のいい人がいるものだと感心するばかり。感激と一緒にテンポ良く緑色が点滅している。

☆深い青のバイト

パソコン入力のバイトリーダー――主婦三〜四年生

初めて人をまとめる立場になったこともある。

ある個人の事務所でパソコン入力の仕事をすることになった。その事業に関してはまだ立ち上げたばかり。最初の下地作りから始まったのだが、しばらくすると仕事が多くなり一人では回らなくなった。

実はパソコン入力は当初私は全くの素人だった。今も資格を取ったわけではなく相変わらずエキスパートではないが、パソコン操作やワードの文章作成がある程度できるようになったのはその時のおかげだ。依頼人が私よりもっとパソコンが苦手だったので成立しただけ、幸運だったと思う。少しするとタッチタイピングもできるようになり、かなりのペースでこなせるようになったが、ありがたいことにそれでは追いつかないくらい仕事が来るようになった。そこでバイトを増員することになり、私はそのチーフ格となったのである。それまで一人の単なるバイトだったのに、数人の人間を取りまとめる立場になってしまった。つい先日まで自分がその一員だった大学生たちを、である。

彼女たちもほぼ全員がパソコンは全く初心者だった。指の置き方から教えて、一通りの操作をその都度教える日々が続いたが、ほとんどの子はすぐに慣れてくれた。まずソフトを完成させて実際の仕事がスタートするまで、そしてスタートして軌道に乗りバイトを雇うまでにはいろいろあったが、始まってからの仕事は元々簡単な入力だけなので若い頭脳には難しいことではない。先輩風を吹かして偉そうに指導していたが、そんなにたいしたことを教えていたわけではなく、今思い出すと冷や汗が出てしまう。少しは威厳を見せようと必死だったな、と。

でも、その頃の学生アルバイトからいまだに年賀状が届いているのはその時触れ合った証拠として大事に思っている。ある時「結婚後、再就職できました。あの時の優しいパソコン特訓のおかげです」と添えられていて、とてもうれしかった。そんな時に思い出すのは深い青のイメージ。

今思うにそれまで自分が経験したバイトの先輩に倣《なら》った部分、同時にある部分反面教師とさせてもらった部分があったから成り立ったのだと思う。感謝しなくては。

そう、その仕事はこれまでと違い、全体を考えて動かなければならなかった。クレーム処理も経験した。そしてバイトの失敗も責任を持って対応しなければならない立場を経験させてもらった。知り合いの個人事務所という甘えもあって、それほど厳しい場面はなかったものの鍛えられたと思う。

また、その時にいろんな手書きの文字に巡り合った。すごいクセ字もあり読み取るのに苦労した。ヘタでもいい、丁寧に書くことが一番。結局それが読んでくれる人のためだけではなく、自分のためなのだとわかった。でもその時のおかげで大抵の字は読めるようになった気がする。読むには推理力が大事である。

バイトも育ち、私の役目も終わった気がしてその仕事は終了とした。どうしてもある程度の段階に到達してしまうと物足りなさを感じてしまうのが私の悪いクセのようだ。完全な自己満足だったが、充実した仕事だったと思う。力量を超えないと魅力を感じないという性格は良いのか悪いのか、あとは在宅で可能な分だけ手伝うことになった。

子どもができたのをきっかけにそれも終了したが、当時大きなフロッピーを宅配でやり取りしていたことも懐かしい思い出だ。自宅用に借りていた大きなパソコンを返却するつもりが「廃棄処分でいいよ」となったのも、時代の変遷のヒトコマとして深い青の中に浮かんでいる。

☆スカイブルーの仕事
パソコン口述筆記――主婦四年生

もうひとつだけその頃の仕事で思い出すのは、会社的に言えば出向。早い話、雇い主の知り合いの女性に私が貸し出されただけだが、そこで口述筆記をしたことがある。バイトも入って余裕ができた頃のことだった。

口頭で話す原稿をパソコンで文章に起こしていく作業。つい先日までパソコンの仕事も初めて、まだ素人に毛が生えた程度の私なんかでよく我慢してくれたと思う。二週間程度だったと思うが、本当に不思議な空間だった。

言葉を聴いて打ち込む、ひたすらそれに没頭した。内容までは言えないが特殊な言葉が多く、最初は話す速度に到底追いつかなかったが、彼女が優しく私に合わせてくれた。今考えてもとびきり心の広い人だったと思う。その人も考えをまとめながらだったので、使用頻度の高い単語、言い回しを登録していったあとは、なんとかペースを掴むことができた。なんだかプロになったような錯覚さえできた貴重な時間だった。

彼女との空間から仕事だけでなくいろんなことを教えてもらった。まだそんなに年配ではなかったのに、すでに悟りを開いたように大きな人だった。とにかく何があっても慌てない。私のペースで大丈夫だったように、普段からゆっくりとした話し方の人。手取り足取り教えてもらったわけではないが、彼女との時間や彼女自身の言葉、動作、人との接し方からたくさんのことを学んでいったように思う。

仕事の上ではすでに認められている人なのに全く驕《おご》りというものがなく、初めて一日一緒に過ごした時にまずそのあまりの質素さにも目を見張った。化粧っ気のない女性だったがオーラという化粧を纏《まと》い美しかった。そのオーラは外面だけでなく内面からも溢れ出ていたような感覚だった。どう望んでも今はもう会えない人なので、絶対的な記憶となってしまった。

こう書いてしまうと使い古された言葉でとても軽薄に感じられるかもしれないが、紛れもなく人に対して愛があった。自分のボキャブラリーの無さが情けない。

少しでもその時の幸福感が伝わればと思う。その空間は透き通るような水色、スカイブルーの中にあった。

気持ちを優しく接すれば、相手も優しい気持ちになってくれる、というのは身をもって経験したから、その時のバイトの人たちにも何があっても怒るということができなくなった。まず説明が足りなかったと反省することさえできるようになって、自分も成長したなと自画自賛。スカイブルーの中に輝く、敬愛する彼女とこれまでの反面教師とのタッグのおかげであの年賀状（「深い青のバイト」参照）がある。

☆最後のバイトの色

最後の色は何になるのだろう。

新卒で就職して生涯ひとつの仕事だけを全うする人もいるだろう。それもすごい。ただ、バイトを通じてさまざまな仕事のみならず、いろいろな人と出会えたことは私の宝物だ。

私の場合、大学卒業後就職した際の仕事そのものはとてもやりがいがあり、一時は「仕事に生きるぞ」と決心させてくれたほどだった。なのに残念ながらその会社とは縁がなかったようで、それもバイトのひとつと言えるくらいの短期間で

☆最後のバイトの色

終わってしまったが、たまたまそれが私の人生なのだろう。その後もちゃんとした就職を考えたことがもちろんあった。しかし、なぜかその都度声をかけていただける環境にも恵まれ、好奇心に勝てない生来の性分もあり、本当に次から次へと色とりどりの仕事を体験する人生を与えてもらった。あるバイトでの出会いが次のバイトを生んだこともあって本当にありがたいと思う。全ての人に心から感謝。

そう、私は本当に幸運だったのだ。何かのつながりで頼まれて始まったバイトが、ほとんど「やってみたい」と思える仕事だったのだから。受身スタートが多かったことは最初に言った「甘え」を増幅させていたとは思うが、だからこそ不器用な私でも同時に仕事以外のことまで発見させてもらえる余裕があったのだ、と実感した。

〝初めて〟に感動すること、さらに、知識として知っていること、頭では理解していることを実際経験してみて、「あっ、こういうことだったんだ」と〝初めて〟自分に吸収できる瞬間が楽しい。そして、自分で知っているつもりだったことが実は全く違うことを知った瞬間、思い込み、勘違いの恥ずかしさと共に得をした気分になる。その繰り返しが人生なのだろう。甘いまま過ぎてしまったこともあるが、ほとんど最後はそうではなかったと胸を張って言えるようになったのも仕事や人との出会いのおかげだ。

どの仕事にもさまざまな〝初めて〟があり、いろいろな形で〝人〟との出会いもあるだろう。マンネリ、毎日が同じことの繰り返し、と思っている人もいるかもしれないが、視点を変えてみれば違っているかもしれない、また同じ仕事の中にも自分から変化を作り出すことができるはず、と思うのは長期のひとつの仕事を全うしたことがない私のタワゴトなのだろうか。経験のないことで確信的なことを言ってはいけない、と勉強してきたはずなのにそこだけはどうしてもそう思ってしまう。そう、同じやるなら「楽しんでやらなくちゃ」が正解なのは私だけではない、ですよね？

人生のいろんな場面でこれまでの時々の色を思い出し、その頃の感覚・経験から対処してきたんだな、と改めて感じた。また〝人〟に対しても思い込みを持たないようにしようとするクセがついた。自分の意見と合わないことが出てきても、何か理由があるのかもと「聞く耳」を少しずつ育ててこられたように思う。まだ完全ではないが、いまだに成長過程と若い気でいる。そう、まだまだ知らないことがいっぱいある。

これまで他にもバイトをしてきたが、中でもはっきりと色付きで思い出せるものがやはり私の人生への影響力は強いようだ。〝最後〟はおそらくまだ少し先の話である現在、ここに来てもやはりバイト感覚が抜けない私。現在色が付きそうなものもある。星の数ほどバイトの種類もあるわけで、これからも他の色との出会い、もしかしたら同じ色になるものもあるかもしれない。

もしもあるなら、最後までには金色のバイトを経験してみたいとこっそり思っている。

さて、どんなバイトだろう。

おわりに

この私の本が出版される！
とんでもない、信じられないようなことが起きようとしている。

再び書くことが楽しくなった私が、軽い気持ちで初めて懸賞小説に応募したのがそもそもの復活（?）のきっかけだった。締め切り間際にその気になり、原稿数ページの短編を一日で書き上げて自分なりに満足していた。が、当然のごとくあえなく落選。「そりゃ、そうだよね」と己の実力を厳粛に受けとめていた。

実際、「書く」ことからまた遠ざかる可能性があったかもしれないある日のこと。ふと思い出したバイトの景色がいつも色と一緒に浮かんでいることに気付いた時、「これを書いてみたい」と思い立った。やっと頭を切り替えることができ、自分に締め切りを課した。

今のありったけの思いを籠《こ》めて書いた。そうしたら、本当に思いがけないことに、なんと出版することになってしまった。それからはあっという間。

バイトではないが、この半年間も紛れもなく〝初めて〟だったわけで、私の幸福感がいったいどれほどスゴイものか、もしもこの本を読んでくださった方だったらわかっていただけると思う。

本にするにあたり、打ち合わせから校正・発刊までお世話になった文芸社の皆さまには本当に感謝している。いつも笑顔で迎えてくださった受付の方をはじめ、全ての方に。中でも担当編集者の方にはスペシャルサンクス！　私の思い込みによるひとりよがりな文章を、尊重しながらも客観的に見てアドバイスしてくださった。

せめて出来上がりまで夢が覚めることがないよう祈る毎日だったが、いったいどんな人に読んでもらえるだろうと、今はちょっと前向きに考えられるようになっている。仕事で煮詰まっている人、ちょっとした人間関係に疲れている人に「ふーん」とか「そっか」とか、一人でも共感してもらえて、ほんの少し軽い気持ちになってもらえたらうれしい。

最後に、急で無謀な注文にもかかわらず、簡単な説明のみでイラストを描いてくれた恩人を含め、これまでに出会った全ての人に贈る本として何度でもお礼を言いたい。

心からありがとう。

平成二十二年七月二十七日

髙松　梢華

著者プロフィール

高松 梢華（たかまつ しょうか）

東京都在住
感激症の主婦

イラスト／ぼぶ
三重県在住

バイトの色 14の仕事が教えてくれた大切なこと

2010年10月15日　初版第1刷発行
2017年12月15日　初版第2刷発行

著　者　高松 梢華
発行者　瓜谷 綱延
発行所　株式会社文芸社
〒160-0022　東京都新宿区新宿1－10－1
電話　03-5369-3060（代表）
03-5369-2299（販売）

印刷所　図書印刷株式会社

ISBN978-4-286-09220-1